Lh 4.
458.

LA KABYLIE

CONQUISE PAR L'ARMÉE FRANÇAISE
sous le règne de NAPOLÉON III, en 1857.

1857

EXPÉDITION
DE
LA KABYLIE

SOMMAIRE : Description de la Kabylie. — Mœurs et usages de ce peuple. — Insurrection des Kabyles. — Proclamation du maréchal Randon, gouverneur général de l'Algérie. — Grande bataille livrée dans les montagnes Djurdjura. — Victoirerem portée par l'armée française. — Soumission de la Kabylie.

Le drapeau des armées de L'EMPEREUR NAPOLÉON III flotte sur les pics les plus élevés du Djurdjura. La Kabylie est soumise ! Triomphe immense, victoire merveilleuse ! En voyant ces villages aériens, ces nids à perte de vue occupés par nos troupes, on se sent pris d'admiration et de vertiges à la fois.

Quelle idée donner de la Kabylie ?

La Kabylie est cette vaste réunion de montagnes comprise entre Dellis au Nord, Sétif et Aumale au Sud.

Le Djurdjura forme un immense soulèvement, environnant tout le pays comme ferait un quart de cercle. La masse des montagnes descend par plans successifs jusqu'au Sebaou. Cependant chaque plan se termine brusquement et par des déchirures de 4 et 500 mètres, de sorte que les lignes d'arête sont très-étroites, quelques mètres au plus. En outre, ces lignes, quoiqu'elles soient les seuls chemins possibles, sont garnies de soulèvements coniques à pentes très-escarpées. C'est en général sur ces cônes que se trouvent les villages, de manière à former de vraies citadelles.

» La population est nombreuse, et quoique les montagnes soient assez bien travaillées, on conçoit qu'elle ne peut y vivre. Aussi porte-t-elle les traces de longues privations. Notre conquête va donner du pain aux Kabyles et leur permettre de descendre dans nos plaines pour fournir des bras à nos colons et recueillir l'argent nécessaire pour nourrir leurs familles.

» Les montagnes de la Kabylie semblent éminemment propres à la culture de la vigne, du figuier, des oliviers, des arbres fruitiers. Nous ferons de tout ce pays un immense verger, où les Algériens trouveront santé et plaisirs. Jamais ruche n'a présenté l'activité qui se déploie journellement à Souk-el-Arba. C'est une fourmillière immense qui réunit ses vivres, ses matériaux, creuse le sol, construit ses briqueteries, ses fours à chaux, exploite ses carrières, élève des murs, des magasins, des forteresses, relie le tout par des routes. Quelle que soit la renommée des légions romaines, elles n'ont jamais pu accomplir œuvre pareille.

Lorsqu'on examine le caractère dominant de la race

Kabyle, on ne tarde pas à reconnaître que ce caractère est l'amour de l'indépendance. Les Kabyles, comme nous, jouissent du suffrage universel, et nomment leûr *amin* (chef) au scrutin. Ce sont les *Marabouts* qui désignent les candidats, et cherchent par leur influence à faire élire les *amins* qu'ils protégent.

L'*amin* est l'administrateur de la fortune publique, c'est lui qui reçoit l'impôt et l'amende.

Avec cet argent on nourrit les voyageurs, on secourt les pauvres, on achète la poudre et les armes pour les malheureux.

Ce peuple n'a point de lois écrites. Il y a une tradition que les pères ont reçue de leurs ancêtres, qu'ils transmettent à leurs enfants.

« Voici, d'après un curieux et excellent travail de M. le général Daumas, quelles sont les principales dispositions pénales qui se traduisent en amendes.

	Boudjous [1].
Tirer son yatagan sans frapper.	8
— et frapper.	16
Armer son fusil sans tirer.	10
— et tirer.	85
Lever son bâton sans frapper.	1
— et frapper.	3
Brandir une faucille sans frapper.	2
— et frapper.	4
Frapper à coups de poings.	» 1/4
Injures sans motifs.	4
Être convaincu de vol.	100
Entrer dans une maison dont le maître est absent.	100
Paraître au lavoir des femmes.	2
Ne pas monter sa garde.	1
Ne pas acheter un fusil quand on a les moyens de le faire.	6

[1] Le *Boudjou* vaut 1 fr. 45 c.

Les mrabeths ou marabouts exercent sur les Kabyles un pouvoir mystérieux et sans bornes.

Les marabouts sont les chefs de la *zaouia*.

La *zaouia* est à la fois une université religieuse et une auberge gratuite, — frappante analogie avec le monastère du moyen âge.

Le Kabyle est travailleur et s'occupe beaucoup de jardinage. Il n'est pas errant et vagabond comme l'Arabe et est attaché à sa maison.

Quand il veut se marier, il fait part de son désir à l'un de ses amis, qui va trouver le père de la jeune fille recherchée et lui transmet la demande. On fixe la dot. En moyenne elle est de cent douros (cinq cent francs). S'il ne possède pas ce petit trésor on lui accorde du temps.

Qnand le Kabyle est père, l'air retentit de joyeuses détonations, — la maison est heureuse. Si c'est une fille qui vient au monde, rien n'est changé aux habitudes quotidiennes.

La femme kabyle jouit d'une liberté assez grande. C'est elle qui va au marché; elle prend ses repas en famille et s'asseoit même à la table quand il y a des étrangers.

Tandis que les Musulmans observent le koran, les Kabyles adoptent des statuts particuliers qu'ils font remonter à des temps antérieurs, et qu'ils tiennent de leurs ancêtres.

Tel est le peuple que nos armes viennent de réduire.

Sans avoir accepté d'une manière formelle notre domination, les tribus insoumises évitaient de se compromettre par une attitude agressive. Cependant, sachant la facilité avec laquelle les désordres naissent et se propagent au milieu des populations arabes, sur tous les points, les chefs de nos établissements militaires étaient sur leur gardes. Le 12 janvier 1856, un colon est attaqué dans son habitation sur la rive du Sebaou. A cette nouvelle, présentée comme un succès remporté sur nous, les tribus voisines descendent en armes. Bientôt l'insurrection commence à prendre des proportions inquiétantes, surtout à cause des difficultés de terrain au milieu desquelles elle éclate.

A la fin de 1856, l'apparition de nos colonnes avait produit le meilleur effet, elle avait prouvé une fois de plus aux tribus soumises que nous sommes toujours prêts à les défendre. Mais des agitateurs tenaient le pays dans une continuelle agitation, et sur un rapport du maréchal Randon, une expédition fut résolue pour 1857, opération très-vaste et longuement méditée, qui devait s'exécuter avec un ensemble que ne comportent pas des actions partielles.

Parmi les populations kabyles, une surtout s'était fait remarquer par l'intelligence, la vivacité de son esprit d'indépendance et par l'influence que sa position et sa puissance lui avaient donnée sur les autres parties de la Kabylie. C'étaient les *Beni-Raten*. Lorsqu'à la suite des précédentes expéditions, et surtout de la campagne de 1854, ils reconnurent que nos idées faisaient des progrès rapides et que le parti de la France devenait assez nombreux pour menacer de les laisser dans l'isolement, ils firent des sacrifices considérables d'argent, d'abord pour soutenir dans les tribus le parti qui représentait l'indépendance absolue de la Kabylie, puis pour amener nos alliés à lever l'étendard de la révolte. Leurs efforts, il faut le reconnaître, furent couronnés de succès. En 1856, les Guetchoulas s'insurgèrent, et le calme ne put renaître qu'après un châtiment sévère. Les Beni-Raten redoublèrent de sacrifices, et nous aurions perdu le fruit de nos précédentes opérations, si nous avions laissé nos ennemis maîtres d'un terrain sur lequel ils devaient nécessairement faire des progrès.

Par ordre de S. M. l'empereur des Français, Napoléon III, une partie de l'armée d'Afrique reçut l'ordre de marcher contre la tribu des Beni-Raten.

M. le maréchal Randon se mit à la tête de l'expédition, accompagné du général de Tourville, chef d'état-major général; du colonel Poucet, sous-chef d'état-major général; du colonel Neveu, chef du bureau politique arabe; du général Devaux, commandant du génie; de l'intendant militaire Donop, intendant en chef.

Le corps expéditionnaire se composait de trois divisions. Voici la composition de chacune d'elles.

1re *division*. — général RENAULT.

1re brigade, général de Liniers : 8e bataillon de chasseurs, 2 bataillons du 23e et du 90e de ligne.

2e brigade, général Chapuis : 2 bataillons du 1er régiment de tirailleurs algériens, du 41e et du 56e de ligne.

2e *division*, général de MAC-MAHON.

1re brigade, brigade Bourbaki : 2 bataillons du 2e régiment de zouaves, du 2e régiment étranger et du 54e de ligne.

2e brigade, général Périgot : 11e bataillon de chasseurs et 1 bataillon du 3e régiment de tirailleurs algériens, 2 bataillons du 3e régiment de zouaves et du 93e de ligne.

3ᵉ division, général Jusuf.

1ʳᵉ brigade, général Gastu : 2 bataillons du 1ᵉʳ régiment de zouaves, du 60ᵉ et du 68ᵉ de ligne.

2ᵉ brigade, général Deligny : 1 bataillon du 1ᵉʳ régiment de zouaves, 13ᵉ bataillon de chasseurs, deux bataillons du 45ᵉ et du 75ᵉ de ligne.

A chaque division, qui compte un effectif d'environ 8,000 hommes, étaient spécialement affectés l'artillerie, le génie et les divers services administratifs qu'elle comporte.

Dès le 19 mai, le corps expéditionnaire était réuni au bas des montagnes de la Kabylie. Les trois divisions s'établirent sur la rive gauche du Sebaou, au pied des contreforts par lesquels elles devaient gravir les pentes escarpées des montagnes des Beni-Raten. Ces camps, situés au milieu des champs fertiles de la vallée du Sebaou, produisaient l'aspect le plus imposant. Malheureusement, pendant quelques jours le temps fut peu favorable aux opérations, au désespoir des troupes, pleines d'ardeur et d'entrain et attendant avec une frémissante impatience le signal de l'attaque.

Son Ex. le maréchal Randon avait cru devoir adresser avant de commencer les hostilités, cette proclamation à nos ennemis :

« Kabyles,

» Souvent nous vous avons offert de vous faire jouir des avantages de la paix, de vous faire participer aux bénéfices de notre commerce, de laisser vos voyageurs parcourir les contrées soumises à notre paternelle domination pour se livrer au travail ou à l'industrie, et reporter ensuite dans vos montagnes les fruits recueillis sous la tutélaire protection de nos lois. Quelques-uns avaient compris nos bonnes intentions, et, par de sages et prévoyants conseils, avaient amené leurs frères à partager leurs louables idées. Nommés intermédiaires entre vous et nous, la haine aveugle et jalouse de certains hommes, qui voulaient le pouvoir pour eux-mêmes, a fait appel aux mauvaises passions et combattu ceux qui étaient nos amis.

Aujourd'hui la France a résolu de porter au sein de vos montagnes son étendard victorieux : l'heure de la récompense pour les hommes fidèles et de la punition pour les intrigants est arrivée et, dans peu de jours, chacun sera jugé suivant sa conduite.

» C'est à vous surtout, gens des Beni-Raten, que nous nous adressons. Vous avez manqué à la foi jurée ; vous avez méconnu les obligations que vous imposaient vos promesses, faites au sebt des Beni-Yahia d'abord, et plus tard à Alger. Vous avez osé lever le drapeau de l'insurrection en face de celui de la France, porté par les chefs que nous avions nommés. Vous n'avez pas seulement semé le trouble et le désordre au milieu de votre pays, vous avez encore prêché la révolte chez vos voisins, les Beni-Fraoussen, Beni-Khelili, Beni-bou-Chaïb, Beni-Yahia, qui depuis longtemps goûtaient, sous notre protection, les douceurs de la paix. Enfin, vous êtes venu braver notre puissance en attaquant Tizi-Ouzou.

» N'accusez donc que vous-mêmes des ravages de la guerre et des maux qu'elle entraîne. Vous serez responsables envers vos frères, qui ne voulaient que profiter des bienfaits de la tranquillité. Nous saurons distinguer ceux qui, comme vous, ont été les conseillers intéressés du désordre, et ceux qui se sont laissés égarer. Aux premiers, nous ferons sentir toute notre sévérité ; aux seconds, nous offrons encore aujourd'hui les effets de notre indulgence, s'ils viennent à nous avec des gages de leurs bonnes intentions et de leur sincérité.

» Quand la France songe à combattre et qu'elle a le pouvoir de vaincre, le châtiment à infliger n'occupe pas seul sa pensée ; elle cherche par ce moyen extrême à fonder dans l'avenir la prospérité des pays sur lesquels a dû s'appesantir un instant sa colère. Elle veut y rétablir l'ordre par la sagesse du commandement, le développement des intérêts matériels, le respect des propriétés et le maintien des bonnes institutions.

Nous ne venons donc pas pour vous dépouiller de vos biens, nous ne venons point changer vos institutions, car elles sont semblables aux nôtres ; mais nous voulons que l'autorité émane de nous ; que vos chefs, élus par vous, soient confirmés par nous. Vos *amins* continueront à administrer vos dacheras, vos *amins-el-oumena* dirigeront encore vos tribus d'après vos coutumes et usages ; mais l'autorité française donnera la haute impulsion à tous les éléments qui, jusqu'ici, n'ont reconnu pour règle que des haines aveugles que nulle médiation n'était assez énergique pour renfermer dans les limites de la raison.

» A vous donc, Beni-Fraoussen, Beni-Khelili, Beni-bou-Chaïb, Beni-Yahia, l'oubli et le pardon du passé, si vous le désirez, car vous n'avez été qu'égarés. — A vous, Beni-Raten, qui recherchez la lutte, la punition de vos fautes ; puis, la clémence du vainqueur. A tous, les bienfaits de la paix, le règne de l'ordre, les bénéfices du commerce et le bon accueil au milieu de nous quand vous vous présenterez avec franchise, le cœur pur et l'esprit animé du désir du bien. »

ORDRE GÉNÉRAL.

20 mai, au quartier général au camp de Kamis.

« Soldats,

» Je vous disais naguère : *Au printemps prochain nous reviendrons poursuivre notre œuvre.* La volonté de l'Empereur et les instructions du ministre m'ont permis de tenir ma promesse.

» Demain matin nous attaquons la plus puissante tribu de la Kabylie. Elle se défendra bravement, j'y compte ; votre gloire en sera plus grande. Des chefs habiles vous commandent. Dangers, obstacles, fatigues, tout s'effacera devant votre ardeur.

» Marchez ! Et bientôt notre cri de victoire : Vive l'Empereur ! retentira sur le sommet des montagnes.

» *Le maréchal gouverneur général,*

RANDON. »

Le 23 mai, le temps s'étant remis au beau, le maréchal donna l'ordre d'attaquer pour le lendemain. L'armée accueillit cet ordre avec acclamation.

Voici un aperçu topographique du terrain sur lequel devait opérer le corps expéditionnaire :

Souk-el-Arba, point central du pays des Beni-Raten, à 1,500 mètres environ d'élévation, forme le nœud et comme la véritable clef de leurs montagnes.

De ce plateau se détachent trois gros contre-forts descendant dans la plaine du Sebaou par des pentes très-raides et souvent abruptes. Sur les crêtes étroites de ces contre-forts s'élèvent par intervalles des pitons rocheux formant comme une série de retranchements naturels. C'est sur ces pitons, véritables nids d'aigles, que sont assis les principaux villages des Beni-Raten ; des ravins profonds, fourrés et souvent escarpés à pic, rendent toute communication impossible entre ces derniers contre-forts. Ils sont occupés par les trois principales fractions des Beni-Raten ; à l'est, les Aït-Oumalou ; au centre, les Aït-Akerma ; à l'ouest, les Irdjers.

C'est par les crêtes des Aït-Akerma et celles des Irdjers, les plus difficiles d'accès, mais aussi les plus militaires comme dominant le mieux cet inextricable pays, qu'il fut résolu d'ouvrir un chemin jusqu'au Souk-el-Arba.

La division Renault devait s'élever sur la crête des Irdjers.

Les divisions Jusuf et de Mac-Mahon devaient envahir le pays des Aït-Akerma sur deux directions différentes.

Le combat fut terrible. Il fallut employer les obusiers et la grosse artillerie. Au village de Tacheraich, les Kabyles furent précipités avec leurs mulets dans le fond d'un immense ravin. Il fallut employer un temps considérable pour les retirer. On dut porter à bras et à dos d'hommes les blessés et le matériel dont les mulets étaient chargés.

Les abords du village de Tiguert-Ala avaient été fortifiés. Les Kabyles attendirent nos soldats à vingt mètres. Les baïonnettes de la division Renault en eurent bientôt raison. Enfin, la division Jusuf s'empara d'Ighil-Guefry et de tous les villages circonvoisins.

Cet admirable fait militaire s'accomplit aux cris de Vive l'Empereur !

Les pertes de la 1re division furent dans cette journée de 33 hommes tués et 159 blessés, dont trois officiers, MM. Rousset, lieutenant au 1er régiment de tirailleurs algériens ; Renault, lieutenant au 41e de ligne, et Couvret, sous-lieutenant au 90e de ligne.

Les pertes de la 2e division furent de 30 tués, dont un officier supérieur, le commandant Boyer de Rebeval, et 225 blessés, parmi lesquels MM. Hervé, sous-lieutenant au 3e de zouaves, et Neige, lieutenant au 11e bataillon de chasseurs à pied.

Les pertes de la 3e division furent de 3 hommes tués et 34 blessés, dont un officier, M. Bergasse, lieutenant au 1er de zouaves.

Après les Beni-Raten il restait à soumettre un grand nombre de tribus. La plupart vinrent se rendre d'elles-mêmes, les autres furent domptées rapidement.

Dès le 6 juillet, les Beni-Jenni, les Beni-Menguillet, les Beni-Boudras étaient hors d'état de nous résister.

Le 11 juillet, le maréchal annonçait par le télégraphe l'occupation du pays des Houl-Matou, des Beni-Tourag et des Hiten, et le drapeau français flottait sur l'un des pics les plus élevés de la crête même du Djurdjura.

D'énormes troupeaux tombèrent entre nos mains, et à neuf heures du soir, un convoi de 200 femmes prisonnières et d'enfants en nombre proportionné, entrait dans le camp, la célèbre maraboute Halla-Fatma en tête. Ces femmes furent relâchées avec de bonnes paroles.

Le 15, le maréchal Randon leva son camp de Temesguida et reprit la route du fort Napoléon. Quelques jours avant, nous avions des populations ennemies qui nous saluaient au passage à coups de fusil. Il y a quatre ans, c'était pis encore : tous les contingents battus, mais non soumis de ces belliqueuses tribus, nous regardaient passer d'un œil furieux, comme des tigres enchaînés, semblant dire : Allez ! mais n'y revenez pas !

Combien tout cela est aujourd'hui changé ! Partout une population sans armes se pressait sur notre passage, nous apportant encore jusque dans nos rangs, pour nous les vendre, leurs fusils, leurs bijoux ou leurs fruits, et semblant regretter tout le bien-être dont allait les priver notre départ. Autour de tous les villages, hommes, femmes enfants nous regardaient passer sans effroi, comme on va voir dans nos villes défiler un régiment après la revue. Dans les champs, chacun s'occupait à ramasser les débris de la moisson que la guerre avait épargnés, ou conduisait ses troupeaux, qui traversaient nos colonnes comme si quelques jours avant ils n'avaient pas été ramenés de la montagne.

A l'arrivée du maréchal à Alger, l'enthousiasme a été grand et proportionné à l'immensité des résultats de la campagne; car, nous le répétons, nous avons par lui bel et bien conquis la Kabylie ; nous l'avons conquise avec calme, avec méthode. Prévoyance, sages dispositions, parfaite entente du mouvement des troupes, tout a concouru au succès, et à un succès dont les conséquences sont incalculables. « Nous avons bien manœuvré, » a dit le soldat qui a tout compris, en vrai Français qu'il est, et qui s'est associé avec cœur, avec rage à ce que le maréchal a voulu faire.

La résistance a été sérieuse, il faut en convenir ; mais elle a été vaincue avec ardeur, avec élan. Comment en eût-il été autrement! Il y avait là les soldats de Crimée et de Malakoff et leurs dignes émules.

La France peut maintenant parler du haut du Djurdjura et dire avec orgueil : Je vois toute l'Algérie à mes pieds ; mon œil a beau fouiller les profondeurs du Sud, partout le drapeau français flotte triomphalement.

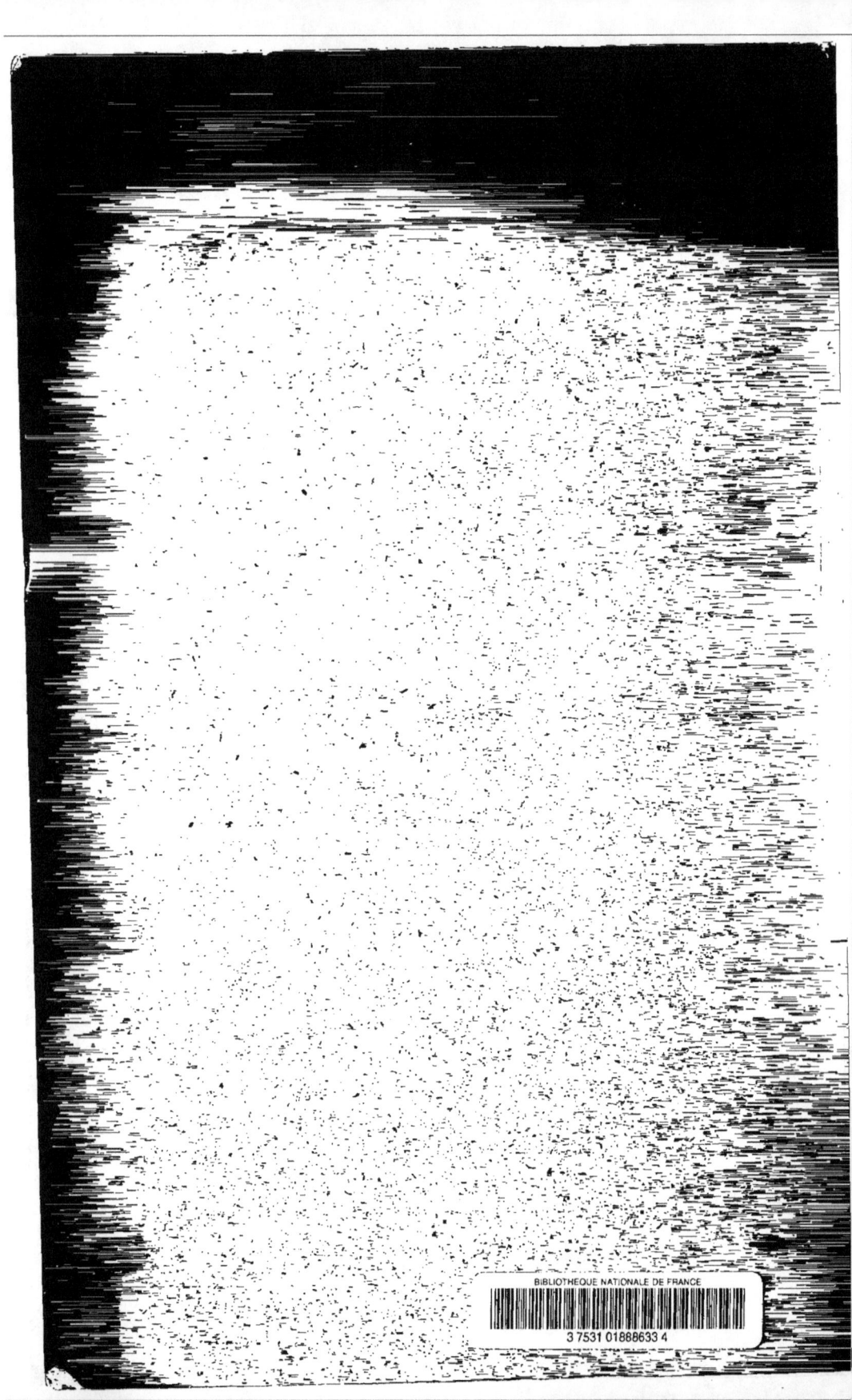

www.ingramcontent.com/pod-product-compliance
Lightning Source LLC
Chambersburg PA
CBHW070539050426
42451CB00013B/3091